This book belongs to:

_____

Backyard Location:

_____

Species:_____

Date: ___/___/_____   Time: ___:___am/pm

Sex: M☐ F☐

Notes:_____
_____
_____
_____
_____
_____
_____

Species:_____

Date: ___/___/_____   Time: ___:___am/pm

Sex: M☐ F☐

Notes:_____
_____
_____
_____
_____
_____

Species:_____

Date: ___/___/_____   Time: ___:___am/pm

Sex: M☐ F☐

Notes:_____
_____
_____
_____
_____
_____
_____

Species:_____

Date: ___/___/_____   Time: ___:___am/pm

Sex: M☐ F☐

Notes:_____
_____
_____
_____
_____
_____

Species:_____

Date: ___/___/_____   Time: ___:___am/pm

Sex: M☐ F☐

Notes:_____
_____
_____
_____
_____
_____
_____

Species:_____

Date: ___/___/_____   Time: ___:___am/pm

Sex: M☐ F☐

Notes:_____
_____
_____
_____
_____
_____
_____

Species:_____

Date: ___/___/_____   Time: ___:___am/pm

Sex: M ☐ F ☐

Notes:_____
_____
_____
_____
_____
_____
_____

Species:_____

Date: ___/___/_____   Time: ___:___am/pm

Sex: M ☐ F ☐

Notes:_____
_____
_____
_____
_____
_____
_____

Species:_____

Date: ___/___/_____   Time: ___:___am/pm

Sex: M☐ F☐

Notes:_____
_____
_____
_____
_____
_____
_____

Species:_____

Date: ___/___/_____   Time: ___:___am/pm

Sex: M☐ F☐

Notes:_____
_____
_____
_____
_____
_____
_____

Species:_____

Date: ___/___/_____   Time: ___:___am/pm

Sex: M ☐ F ☐

Notes:_____
_____
_____
_____
_____
_____
_____

Species:_____

Date: ___/___/_____   Time: ___:___am/pm

Sex: M ☐ F ☐

Notes:_____
_____
_____
_____
_____
_____
_____

Species:_____

Date: ___/___/_____   Time: ___:___am/pm

Sex: M☐ F☐

Notes:_____
_____
_____
_____
_____
_____
_____

Species:_____

Date: ___/___/_____   Time: ___:___am/pm

Sex: M☐ F☐

Notes:_____
_____
_____
_____
_____
_____
_____

Species:_____

Date:___/___/_____   Time:___:___am/pm

Sex: M☐ F☐

Notes:_____
_____
_____
_____
_____
_____
_____

Species:_____

Date:___/___/_____   Time:___:___am/pm

Sex: M☐ F☐

Notes:_____
_____
_____
_____
_____
_____

Species:_____

Date: ___/___/_____   Time: ___:___am/pm

Sex: M ☐   F ☐

Notes:_____
_____
_____
_____
_____
_____
_____

Species:_____

Date: ___/___/_____   Time: ___:___am/pm

Sex: M ☐   F ☐

Notes:_____
_____
_____
_____
_____
_____
_____

Species:_____

Date: ___/___/_____   Time: ___:___am/pm

Sex: M ☐ F ☐

Notes:_____
_____
_____
_____
_____
_____
_____

Species:_____

Date: ___/___/_____   Time: ___:___am/pm

Sex: M ☐ F ☐

Notes:_____
_____
_____
_____
_____
_____
_____

Species:_____

Date: ___/___/_____   Time: ___:___am/pm

Sex: M☐ F☐

Notes:_____
_____
_____
_____
_____
_____
_____

Species:_____

Date: ___/___/_____   Time: ___:___am/pm

Sex: M☐ F☐

Notes:_____
_____
_____
_____
_____
_____
_____

Species:_____

Date: ___/___/_____ Time: ___:___ am/pm

Sex: M☐ F☐

Notes:_____
_____
_____
_____
_____
_____
_____

Species:_____

Date: ___/___/_____ Time: ___:___ am/pm

Sex: M☐ F☐

Notes:_____
_____
_____
_____
_____
_____
_____

Species:_____

Date: ___/___/_____ Time: ___:___am/pm

Sex: M☐ F☐

Notes:_____
_____
_____
_____
_____
_____
_____

Species:_____

Date: ___/___/_____ Time: ___:___am/pm

Sex: M☐ F☐

Notes:_____
_____
_____
_____
_____
_____

Species:_____

Date: ___/___/_____   Time: ___:___am/pm

Sex: M☐ F☐

Notes:_____
_____
_____
_____
_____
_____
_____

Species:_____

Date: ___/___/_____   Time: ___:___am/pm

Sex: M☐ F☐

Notes:_____
_____
_____
_____
_____
_____
_____

Species:_____

Date: ___/___/_____   Time: ___:___am/pm

Sex: M☐ F☐

Notes:_____

_____

_____

_____

_____

_____

_____

Species:_____

Date: ___/___/_____   Time: ___:___am/pm

Sex: M☐ F☐

Notes:_____

_____

_____

_____

_____

_____

_____

Species:_____

Date: __/__/_____ Time: __:__am/pm

Sex: M☐ F☐

Notes:_____

_____

_____

_____

_____

_____

_____

Species:_____

Date: __/__/_____ Time: __:__am/pm

Sex: M☐ F☐

Notes:_____

_____

_____

_____

_____

_____

_____

Species:_____

Date: ___/___/_____ Time: ___:___am/pm

Sex: M☐ F☐

Notes:_____
_____
_____
_____
_____
_____
_____

Species:_____

Date: ___/___/_____ Time: ___:___am/pm

Sex: M☐ F☐

Notes:_____
_____
_____
_____
_____
_____
_____

Species:_____

Date: ___/___/_____   Time: ___:___am/pm

Sex: M ☐ F ☐

Notes:_____
_____
_____
_____
_____
_____
_____

Species:_____

Date: ___/___/_____   Time: ___:___am/pm

Sex: M ☐ F ☐

Notes:_____
_____
_____
_____
_____
_____
_____

Species:_____

Date: ___/___/_____   Time: ___:___am/pm

Sex: M ☐   F ☐

Notes:_____

_____

_____

_____

_____

_____

_____

Species:_____

Date: ___/___/_____   Time: ___:___am/pm

Sex: M ☐   F ☐

Notes:_____

_____

_____

_____

_____

_____

_____

Species:_____

Date: ___/___/_____   Time: ___:___am/pm

Sex: M☐ F☐

Notes:_____
_____
_____
_____
_____
_____
_____

Species:_____

Date: ___/___/_____   Time: ___:___am/pm

Sex: M☐ F☐

Notes:_____
_____
_____
_____
_____
_____

Species:_____

Date: ___/___/_____   Time: ___:___am/pm

Sex: M☐ F☐

Notes:_____
_____
_____
_____
_____
_____
_____

Species:_____

Date: ___/___/_____   Time: ___:___am/pm

Sex: M☐ F☐

Notes:_____
_____
_____
_____
_____
_____

Species:_____

Date: ___/___/_____ Time: ___:___am/pm

Sex: M ☐ F ☐

Notes:_____

_____

_____

_____

_____

_____

_____

Species:_____

Date: ___/___/_____ Time: ___:___am/pm

Sex: M ☐ F ☐

Notes:_____

_____

_____

_____

_____

_____

_____

Species:_____

Date: ___/___/_____ Time: ___:___am/pm

Sex: M☐ F☐

Notes:_____
_____
_____
_____
_____
_____
_____

Species:_____

Date: ___/___/_____ Time: ___:___am/pm

Sex: M☐ F☐

Notes:_____
_____
_____
_____
_____
_____
_____

Species:_____

Date: ___/___/_____   Time: ___:___am/pm

Sex: M ☐ F ☐

Notes:_____

_____

_____

_____

_____

_____

_____

Species:_____

Date: ___/___/_____   Time: ___:___am/pm

Sex: M ☐ F ☐

Notes:_____

_____

_____

_____

_____

_____

_____

Species:_____

Date: ___/___/_____   Time: ___:___am/pm

Sex: M☐ F☐

Notes:_____
_____
_____
_____
_____
_____
_____

Species:_____

Date: ___/___/_____   Time: ___:___am/pm

Sex: M☐ F☐

Notes:_____
_____
_____
_____
_____
_____

Species:_____

Date: ___/___/_____   Time: ___:___am/pm

Sex: M☐ F☐

Notes:_____
_____
_____
_____
_____
_____
_____

Species:_____

Date: ___/___/_____   Time: ___:___am/pm

Sex: M☐ F☐

Notes:_____
_____
_____
_____
_____
_____

Species:_____

Date: ___/___/_____   Time: ___:___am/pm

Sex: M☐ F☐

Notes:_____

_____

_____

_____

_____

_____

_____

Species:_____

Date: ___/___/_____   Time: ___:___am/pm

Sex: M☐ F☐

Notes:_____

_____

_____

_____

_____

_____

_____

Species:_____

Date: ___/___/_____   Time: ___:___am/pm

Sex: M ☐   F ☐

Notes:_____
_____
_____
_____
_____
_____
_____

Species:_____

Date: ___/___/_____   Time: ___:___am/pm

Sex: M ☐   F ☐

Notes:_____
_____
_____
_____
_____
_____

Species:_____

Date:___/___/_____   Time:___:___am/pm

Sex: M☐ F☐

Notes:_____

_____

_____

_____

_____

_____

_____

Species:_____

Date:___/___/_____   Time:___:___am/pm

Sex: M☐ F☐

Notes:_____

_____

_____

_____

_____

_____

_____

Species:_____

Date: ___/___/_____   Time: ___:___am/pm

Sex: M☐ F☐

Notes:_____
_____
_____
_____
_____
_____
_____

Species:_____

Date: ___/___/_____   Time: ___:___am/pm

Sex: M☐ F☐

Notes:_____
_____
_____
_____
_____
_____

Species:_____

Date: ___/___/_____   Time: ___:___am/pm

Sex: M☐ F☐

Notes:_____
_____
_____
_____
_____
_____
_____

Species:_____

Date: ___/___/_____   Time: ___:___am/pm

Sex: M☐ F☐

Notes:_____
_____
_____
_____
_____
_____

Species:_____

Date: ___/___/_____   Time: ___:___am/pm

Sex: M☐ F☐

Notes:_____
_____
_____
_____
_____
_____
_____

Species:_____

Date: ___/___/_____   Time: ___:___am/pm

Sex: M☐ F☐

Notes:_____
_____
_____
_____
_____
_____
_____

Species:_____

Date: ___/___/_____   Time: ___:___am/pm

Sex: M☐ F☐

Notes:_____
_____
_____
_____
_____
_____
_____

Species:_____

Date: ___/___/_____   Time: ___:___am/pm

Sex: M☐ F☐

Notes:_____
_____
_____
_____
_____
_____
_____

Species:_____

Date: ___/___/_____ Time: ___:___am/pm

Sex: M☐ F☐

Notes:_____

_____

_____

_____

_____

_____

_____

Species:_____

Date: ___/___/_____ Time: ___:___am/pm

Sex: M☐ F☐

Notes:_____

_____

_____

_____

_____

_____

Species:_____

Date:___/___/_____   Time:___:___am/pm

Sex: M☐ F☐

Notes:_____
_____
_____
_____
_____
_____
_____

Species:_____

Date:___/___/_____   Time:___:___am/pm

Sex: M☐ F☐

Notes:_____
_____
_____
_____
_____
_____
_____

Species:_____

Date: ___/___/_____   Time: ___:___ am/pm

Sex: M ☐   F ☐

Notes:_____
_____
_____
_____
_____
_____
_____

Species:_____

Date: ___/___/_____   Time: ___:___ am/pm

Sex: M ☐   F ☐

Notes:_____
_____
_____
_____
_____
_____
_____

Species:_____

Date: ___/___/_____ Time: ___:___ am/pm

Sex: M ☐ F ☐

Notes:_____
_____
_____
_____
_____
_____
_____

Species:_____

Date: ___/___/_____ Time: ___:___ am/pm

Sex: M ☐ F ☐

Notes:_____
_____
_____
_____
_____
_____

Species:_____

Date: ___/___/_____   Time: ___:___am/pm

Sex: M☐ F☐

Notes:_____
_____
_____
_____
_____
_____
_____

Species:_____

Date: ___/___/_____   Time: ___:___am/pm

Sex: M☐ F☐

Notes:_____
_____
_____
_____
_____
_____
_____

Species:_____

Date: ___/___/_____ Time: ___:___am/pm

Sex: M☐ F☐

Notes:_____
_____
_____
_____
_____
_____
_____

Species:_____

Date: ___/___/_____ Time: ___:___am/pm

Sex: M☐ F☐

Notes:_____
_____
_____
_____
_____
_____
_____

Species:_____

Date: ___/___/_____   Time: ___:___am/pm

Sex: M☐ F☐

Notes:_____
_____
_____
_____
_____
_____
_____

Species:_____

Date: ___/___/_____   Time: ___:___am/pm

Sex: M☐ F☐

Notes:_____
_____
_____
_____
_____
_____
_____

Species:_____

Date: ___/___/_____   Time: ___:___am/pm

Sex: M☐ F☐

Notes:_____
_____
_____
_____
_____
_____
_____

Species:_____

Date: ___/___/_____   Time: ___:___am/pm

Sex: M☐ F☐

Notes:_____
_____
_____
_____
_____
_____
_____

Species:_____

Date: ___/___/_____   Time: ___:___am/pm

Sex: M☐ F☐

Notes:_____
_____
_____
_____
_____
_____
_____

Species:_____

Date: ___/___/_____   Time: ___:___am/pm

Sex: M☐ F☐

Notes:_____
_____
_____
_____
_____
_____
_____

Species:_____

Date: ___/___/_____   Time: ___:___ am/pm

Sex: M ☐   F ☐

Notes:_____

_____

_____

_____

_____

_____

_____

Species:_____

Date: ___/___/_____   Time: ___:___ am/pm

Sex: M ☐   F ☐

Notes:_____

_____

_____

_____

_____

_____

Species:_____

Date: ___/___/_____ Time: ___:___am/pm

Sex: M ☐ F ☐

Notes:_____

_____

_____

_____

_____

_____

_____

Species:_____

Date: ___/___/_____ Time: ___:___am/pm

Sex: M ☐ F ☐

Notes:_____

_____

_____

_____

_____

_____

Species:_____

Date: ___/___/_____   Time: ___:___am/pm

Sex: M☐ F☐

Notes:_____
_____
_____
_____
_____
_____
_____

Species:_____

Date: ___/___/_____   Time: ___:___am/pm

Sex: M☐ F☐

Notes:_____
_____
_____
_____
_____
_____

Species:_____

Date: ___/___/_____   Time: ___:___am/pm

Sex: M ☐   F ☐

Notes:_____
_____
_____
_____
_____
_____
_____

Species:_____

Date: ___/___/_____   Time: ___:___am/pm

Sex: M ☐   F ☐

Notes:_____
_____
_____
_____
_____
_____
_____

Species:_____

Date: ___/___/_____   Time: ___:___am/pm

Sex: M☐ F☐

Notes:_____
_____
_____
_____
_____
_____
_____

Species:_____

Date: ___/___/_____   Time: ___:___am/pm

Sex: M☐ F☐

Notes:_____
_____
_____
_____
_____
_____
_____

Species:_____

Date: ___/___/_____   Time: ___:___am/pm

Sex: M☐ F☐

Notes:_____
_____
_____
_____
_____
_____
_____

Species:_____

Date: ___/___/_____   Time: ___:___am/pm

Sex: M☐ F☐

Notes:_____
_____
_____
_____
_____
_____

Species:_____

Date: ___/___/_____ Time: ___:___am/pm

Sex: M☐ F☐

Notes:_____

_____

_____

_____

_____

_____

_____

Species:_____

Date: ___/___/_____ Time: ___:___am/pm

Sex: M☐ F☐

Notes:_____

_____

_____

_____

_____

_____

Species:_____

Date: ___/___/_____   Time: ___:___am/pm

Sex: M☐ F☐

Notes:_____
_____
_____
_____
_____
_____
_____

Species:_____

Date: ___/___/_____   Time: ___:___am/pm

Sex: M☐ F☐

Notes:_____
_____
_____
_____
_____
_____